Nouveaux Principes

DE

LECTURE

A L'USAGE

DES FRÈRES DE MARIE

DE L'INSTRUCTION CHRÉTIENNE.

Troisième Edition.

NOTRE-DAME-DE-L'HERMITAGE,
Sur Saint-Chamond.

1844.

Nouveaux Principes

DE

LECTURE

A L'USAGE

DES FRÈRES DE MARIE

DE L'INSTRUCTION CHRÉTIENNE.

Troisième Édition.

NOTRE-DAME-DE-L'HERMITAGE,
Sur Saint-Chamond.

1844.
1845

Propriété.

AVERTISSEMENT.

Ce petit ouvrage renferme, en 36 leçons, l'exposition des quatre principes généraux de la lecture et la solution des principales difficultés qu'elle présente.

Dans les dix premières leçons, on apprend à lire tous les mots dont les syllabes sont formées soit d'une voyelle et d'une consonne simples, comme *badinage, activité*, soit d'une voyelle placée entre deux consonnes, comme *calcul, martyr, vertu*.

Les cinq leçons qui suivent, traitent des consonnes doubles *bb, cc, ll*, etc., et des consonnes composées *bl, br, ch*, etc. Par ces leçons et les précédentes, l'enfant est mis à même de lire tous les mots dont les syllabes sont formées d'une voyelle simple et d'une consonne quelconque, comme *abbé, occupé, chrême, cloche, blâmable*.

Dans la 16ᵉ leçon et les quatre suivantes, on s'occupe des voyelles composées *ai, eau, on*, etc., et de leur combinaison avec les consonnes soit simples, comme dans *fontaine, tombeau*, soit composées, comme dans *glaive, crainte, fraude*.

Le 4ᵉ principe général de la lecture, relatif aux diphthongues, est traité dans la leçon 21ᵉ et les deux suivantes d'une manière tout-à-fait analogue au précédent.

Les treize dernières leçons sont consacrées à des remarques particulières sur les lettres qui varient dans leur prononciation et sur les consonnes finales nulles.

Telle est la marche simple et graduée de cette méthode de lecture. On y passe toujours du connu à l'inconnu, et les leçons y sont disposées de manière que l'une sert de préparation à l'autre, et que celle-ci, en même temps qu'elle présente ou l'exposé ou l'application d'un principe, renferme encore une récapitulation de tout ce qui précède.

Pour s'en servir avec fruit, il faut : 1º que l'enfant ne quitte une leçon que lorsqu'il la sait parfaitement ; 2º qu'on lui fasse bien remarquer les éléments de la leçon qu'il étudie ; 3º que dans l'épellation, si l'on y a recours, on se souvienne que les éléments de chaque syllabe ne sont pas précisément les lettres, mais les sons et les articulations. Ainsi, au lieu de faire épeler les mots *pain, loi*, en cette manière : p a i n, *pain* ; l o i, *loi*, faites dire : p ain, *pain* ; l oi, *loi*, etc. L'expérience a prouvé qu'avec cette méthode et ces moyens, on parvient promptement et avec facilité à former les enfants à la lecture.

PREMIÈRE PARTIE.

1re LEÇON.

Voyelles simples ou sons simples.

a e i o u y.

Consonnes simples ou articulations simples.

b c d f g h j k l m
n p q r s t v x z.

Alphabet ordinaire.

a b c d e f g h i j k l m
n o p q r s t u v x y z.

Lettres majuscules.

A B C D E F G H I J K
L M N O P Q R S T U V
X Y Z.

Lettres italiques.

*a b c d e f g h i j k l
m n o p q r s t u v x y
z.*

2ᵉ LEÇON.

Voyelles simples précédées d'une consonne simple.

Ba	be	bi	bo	bu	by
Ca	ce	ci	co	cu	cy
Da	de	di	do	du	dy
Fa	fe	fi	fo	fu	fy
Ga	ge	gi	go	gu	gy
Gua	gu	gui	guo		
Ha	he	hi	ho	hu	hy
Ja	je	ji	jo	ju	jy
La	le	li	lo	lu	ly
Ma	me	mi	mo	mu	my
Na	ne	ni	no	nu	ny
Pa	pe	pi	po	pu	py
Qua	que	qui	quo		
Ra	re	ri	ro	ru	ry
Sa	se	si	so	su	sy
Ta	te	ti	to	tu	ty
Va	ve	vi	vo	vu	vy
Xa	xe	xi	xo	xu	xy
Za	ze	zi	zo	zu	zy

3ᵉ LEÇON.

Mots formés à l'aide des leçons précédentes.

A-mi, po-li, no-te, ra-re, pa-pe, sa-ge, ro-be, fi-ne, ce-ci, ce-la, co-co, jo-li, ca-ge, do-ge, lo-ge, mi-di, cu-ve, ci-re, ba-gue, lu-xe, pa-ru, ki-lo, ga-ze, co-de, fi-xe, la-ma, ju-ge, pi-que.

Da-me, zô-ne, i-ci, va-gue, pa-ri, bi-le, ri-xe, fa-ce, sa-li, li-re, u-ne, pa-ge, u-ni, ve-lu, lo-que, fi-gue, ve-nu, ri-me, fa-de, gui-de, bo-bo, ta-xe, fi-ni.

4ᵉ LEÇON.

Suite de la leçon précédente.

Ba-di-na-ge, ba-ga-ge, fa-ri-ne, a-co-ly-te, fi-gu-re, ra-ci-ne, sa-la-de, ri-va-ge, li-mi-te, ca-ra-va-ne, i-ma-ge, o-li-ve, ha-bi-tu-de, ca-ma-ra-de, la-ti-tu-de, do-mi-ni-ca-le, a-gi-o-ta-ge, py-ra-mide, po-li-ti-que, ca-ri-ca-tu-re, mo no-to-ne.

Ca-ta-lo-gue, fa-ti-gue, re-ve-nu, ma-ri-ti-me, so-po-ri-fi-que, ca-ba-ne, to-pa-ze, a-ma-zo-ne, ju-ju-be, o-ri-gi-na-le, pa-go-de, ja-ve-li-ne, co-pu-la-ti-ve, li-mo-na-de, zi-be-li-ne, ga-be-la-ge, gui-ta-re, vo-lu-me, do-mi-ci-le, li-ga-tu-re.

5e LEÇON.

Voyelles longues.

â ê î ô û.

Différentes sortes d'e.

e é è ê

muet, fermé, ouvert.

Exercice.

A-ge, è-re, é-tu-de, ô-té, î-le, tê-te, gî-te, rô-ti, pè-re, mè-re, pâ-té, quê-te, zè-le, qua-li-té, fi-xé, mû-ri, zé-ro, bâ-ti, pâ-que, sè-ve, vé-ri-té, é-lè-ve, é-co-le, sé-vè-re, re-bâ-ti, re-vê-tu.

Pâ-tu-ra-ge, pê-le-mê-le, dé-gé-né-ré, mé-na-gè-re, Jé-rô-me, é-vê-que, o-xy-gè-ne, é-qui-té, fé-li-ci-té, a-bî-me, é-co-no-mi-que, lé-gè-re, dé-mê-lé, cô-te, pâ-le, fi-dé-li-té.

6ᵉ LEÇON.

Voyelles simples suivies d'une consonne simple.

Ab	eb	ib	ob	ub
Ac	ec	ic	oc	uc
Ad	ed	id	od	ud
Af	ef	if	of	uf
Ag	eg	ig	og	ug
Ah	eh	ih	oh	uh
Al	el	il	ol	ul
Ap	ep	ip	op	up
Ar	er	ir	or	ur
As	es	is	os	us
At	et	it	ot	ut
Ax	ex	ix	ox	ux.

7ᵉ LEÇON.

Mots formés à l'aide des leçons précédentes.

As, ac-te, ar-me, al-té-ré, or-gue, ig-né, Et-na, ur-ne, op-ti-que, ah! ab-so-lu, ad-mi-ré, er-mite, ar-tè-re, ap-ti-tu-de, ac-ti-vi-té, or-ga-ni-que, ul-cè-re, ic-tè-re, es-pa-ce, al-ca-li, oc-to-go-ne.

Es-ca-la-de, ob-te-nu, ab-ju-ré, is-ma-é-li-te, al-cô-ve, ar-ba-lè-te, i-dé-al, oc-ta-ve, ab-di-qué, ec-ty-pe, mé-mo-ri-al, ac-cé-lé-ré, or-me, es-pè-ce, ar-gi-le, Ed-me, Ag-de, or-ge, ex-pé-di-ti-ve.

8ᵉ LEÇON.

Voyelles simples placées entre deux consonnes simples (1).

Lac, bec, pic, roc, suc, bol, par, mer, sac, sec, car, cor, mur, sur, cap, cep,

---

(1) On fera remarquer aux enfants que les mots de cette leçon sont formés des syllabes de la leçon 6ᵉ précédées d'une consonne simple.

fol, mol, bis, bat, cid, dol, dur, fat, lis, duo, tuf, bac, sol, vol, soc.

Luc, Nil, nul, val, vil, fil, sel, sus, sud, tel, quel, mal, pal, Var, nef, vif, Job, tic, tac, tir, mil, bal, col, lof, rit, vis.

9° LEÇON.
Suite des leçons précédentes.

Sul-pi-ce, Fé-lix, Na-dab, Ca-leb, Ja cob, bar-be, sub-ter-fu-ge, dog-me, car-di-nal, cir-que, é-ter-nel, rup-tu-re, nor-mal, mar-di, at-las, tex-te.

Sug-gé-ré, hor-lo-ge, re-gar-dé, mul-ti-tu-de, cal-cul, le-quel, ré-vol-te, ci-vil, ger-me, gor-ge, é-lar-gir, quar-te, jar-di-na-ge, pur-ga-tif, mer-cu-re, mix-te, A-jax, ad-ver-si-té, mar-tyr.

10° LEÇON.
Phrases formées sur les leçons précédentes.

Vic-tor va li-re une pa-ge de ce jo-li vo-lu-me. La fé-li-ci-té cé-les-te se-ra le par-ta-ge de la ver-tu. La jus-ti-ce di-vi-ne pu-ni-ra le vi-ce a-vec sé-vé-ri-té. U-ne pa-ro-le du-re por-te à la co-lè-re.

La so-ci-é-té de ce ca-ma-ra-de é-va-po-ré te se-ra fu-nes-te. Ré-né par-ti-ra mar-di à mi-di a-vec sa mè-re ; il se-ra re-ve-nu sa-me-di. Le sol se-ra a-mé-li-o-ré par la cul-tu-re.

U-ne fer-ti-le ré-col-te ra-mè-ne à la fer-me le cal-me, la sé-ré-ni-té. U-ne ma-xi-me si per-ver-se me-na-ce le dog-me de mê-me que la mo-ra-le. Po-ly-car-pe a ob-te-nu la pal-me du mar-ty-re. U-ne so-li-de pi-é-té ré-for-me-ra la du-re-té de ce ca-rac-tè-re.

11° LEÇON.
Consonnes doubles (1).

bb cc ff ll mm nn pp rr ss tt

Exercice sur les consonnes doubles.

A-bbé, a-cca-pa-ré, a-ffa-mé, co-llé, so-mme, re-co-nnu, na-ppe, a-rri-vé, a-sso-mmé, bo-tte, sa-bba-tienc, o-ccu-pé, é-to-ffe, pa-ra-llè-le, co-mmo-de, ca-nne-lu-re, o-ppor-tu-ni-té, pa-rri-ci-de.

La-ssi-tu-de, ba-ttu, ra-bbi-nis-me, a-ccor-dé, a-ffer-mi, a-llé-go-ri-que, i-mmu-ta-bi-li-té, a-nni-hi-lé, a-ppar-te-nir, i-rré-gu-la-ri-té, di-ssy-lla-be, a-tta-qué, i-nno-vé, pa-ssa-gè-re.

___
(1) La consonne double se prononce ordinairement comme si elle était simple.

12ᵉ LEÇON.

Consonnes composées.

bl	br	ch	chr	cl	cr	dr	fl
fr	gl	gn	gr	ph	phl	phr	pl	pr	ps
sc	scr	sp	sph	spl	st	str	tr	vr

Exercice.

br st ph ch gr phr cl gn cr pl
dr sc pr sph str gl sp scr phl fr
spl vr bl tr fl ps chr bl chr sph
sp scr cr pl spl vr fr ps fl tr
dr sc pr str gl phl br ph st gr
ch phr cl gn.

13ᵉ LEÇON.

Voyelles simples précédées d'une consonne composée.

Bla	ble	bli	blo	blu
Bra	bre	bri	bro	bru
Cha	che	chi	cho	chu
Chra	chre	chri	chro	chru
Cla	cle	cli	clo	clu
Cra	cre	cri	cro	cru
Dra	dre	dri	dro	dru
Fla	fle	fli	flo	flu
Fra	fre	fri	fro	fru
Gla	gle	gli	glo	glu

Gna	gne	gni	gno	gnu
Gra	gre	gri	gro	gru
Pha	phe	phi	pho	phu
Phla	phle	phli	phlo	phlu
Phra	phre	phri	phro	phru
Pla	ple	pli	plo	plu
Pra	pre	pri	pro	pru
Psa	pse	psi	pso	psu
Sca	sce	sci	sco	scu
Scra	scre	scri	scro	scru
Spa	spe	spi	spo	spu
Spha	sphe	sphi	spho	sphu
Spla	sple	spli	splo	splu
Sta	ste	sti	sto	stu
Stra	stre	stri	stro	stru
Tra	tre	tri	tro	tru
Vra	vre	vri	vro	vru.

14ᵉ LEÇON.

Mots formés à l'aide des leçons précédentes.

Blâ-me, ta-ble, bra-ve, blo-qué, bru-me, cha-ri-té, chrê-me, chi-ca-ne, che-ve-lu, cri-mi-nel, clo-che, chro-ni-que, dra-ma-ti-que, dro-gue, flû-te, fra-ter-nel, gla-cé, glo-be, rè-gle, vi-gne, ma-gni-fi-que.

Gra-vi-té, gri-ve, é-pi-ta-phe, phi-lo-mè-le, pla-ce, plu-me, plé-ni-tu-de, pro-pre, pra-ti-que, sca-lè-ne, scep-tre, scru-té, spa-tu-le, spi-ri-tu-el, sta-ti-sti-que, sti-mu-lé, sphè-re, stra-ta-gè-me, tri-bu-nal.

Tra-ves-ti, tric-trac, or-fè-vre, pla-ta-ne, fleg-ma-ti-que, pré-ju-gé, scru-pu-le, spé-ci-fi-que, struc-tu-re, clé-ri-cal, chro-no-lo-gi-que, Mi-chel, ki-lo-gra-mme, mi-lli-gra-mme, a-rra-ché, chi-ffre, fro-tté, oc-to-bre, bru-ni-ssa-ge.

15ᵉ LEÇON.

Phrases formées sur les leçons précédentes.

La doc-tri-ne du chri-sti-a-nis-me é-to-nne par sa su-bli-mi-té. Nul sa-cri-fi-ce n'a-rrê-te le vé-ri-ta-ble zè-le. E-vi-te la lè-pre du pé-ché co-mme la mor-su-re du cru-el a-spic. Le ju-ge su-prê-me ci-te-ra à l'i-né-vi-ta-ble tri-bu-nal le mo-nar-que su-per-be de mê-me que l'es-cla-ve hu-mi-li-é.

No-tre cla-sse s'o-ccu-pe de ca-té-chis-me, de lec-tu-re, d'é-cri-tu-re et (1) d'a-rith-mé-ti-que. Pla-ci-de a dé-bi-té sa fa-ble a-vec u-ne fa-ci-li-té, u-ne grâ-ce

_____

(1) et, monosyllabe, se prononce comme é.

qui m'a char-mé. Pros-per a é-tu-di-é le sy-stè-me mé-tri-que ; il l'ex-pli-que a-vec u-ne ra-re ha-bi-le-té. La clo-che du vi-lla-ge so-nne mi-di.

É-mi-le i-ra à la pro-me-na-de, s'il se co-rri-ge de sa lé-gè-re-té. Fré-dé-ric li-ra le pa-ra-gra-phe qui ter-mi-ne ce vo-lu-me. Quel ar-chi-tec-te a i-ma-gi-né la struc-tu-re ad-mi-ra-ble de ce va-ste é-di-fi-ce ? U-ne grê-le ho-rri-ble a ra-va-gé ce ma-gni-fi-que vi-gno-ble.

16ᵉ LEÇON.

Voyelles composées (1).

ai   ei   au   eau   eu   œu   ou
        aï   eü   oü.

Voyelles nasales.

an   am   en   em   ain   aim
ein   in   im   yn   ym   on
        om   un   um.

Exercice.

im   ai   an   ei   ym   au   où   aim

(1) Seulement pour la forme.

cau am ain œu on ai ou en
cin eu om un em in um yn
eû ai yn on in an eù ain
ei où yn au eu aim om um
in ai en ein eau un an ou
œu em.

17ᵉ LEÇON.

Voyelles composées accompagnées de consonnes simples.

ai. Lai-ne, do-mai-ne, dé-dai-gne, fai-re, cai-sse dé-gai-né, fon-tai-ne, hai-ne, pa-raî-tre, dou-zai-ne, ho-no-rai-re, neu-vai-ne, air, pair, im-pair.

ei. Rei-ne, en-sei-gne, nei-ge, sei-gle, pei-ne, bei-ge, vei-ne, sei-ze, tei-gne.

au. Dau-phi-né, cau-che-mar, pau-vre, sau-va-ge, gui-mau-ve, nau-fra-ge, tau-pe, gau-che, pau-me, sau-pou-dré.

eau. Beau, nou-veau, cha-peau, mar-teau, ju-meau, fou-rreau, mon-ceau, ri-deau, gâ-teau, tom-beau.

eu. Jeu, che-veu, meu-ble, heu-re, beu-gle, peu-pla-de, seu-le, neu-ve, jeû-ne, feu-da-tai-re.

eur. Sa-veur, ma-jeur, mi-neur, dou-leur, mal-heur, meur-tre, pro-cu-reur.

œu. Vœu, œu-vre, ma-nœu-vre, sœur, cœur.

ou. Bou-le, pou-le, dou-ce, bi-jou, ge-nou, hi-bou, cou-ra-ge, jou-te, voû-te, sou-ve-nir, ver-mou-lu, dé-goû-té.

our. A-mour, con-tour, jour-nal, sour-di-ne, cour-ba-tu-re, four-ni-tu-re.

18e LEÇON.

Voyelles nasales accompagnées de consonnes simples.

an. Lan-ce, can-ti-que, ban-deau, man-teau, con-te-nan-ce, tan-te, lan-gue, a-man-de.

am. Lam-pe, jam-be, ram-pe, tam-bour, cam-pé, gam-ba-de, am-bi-gu.

en. Cen-tre, ren-du, ven-to, Pen-te-cô-te, dé-fen-dre, gen-dre, sen-ti-men-tal.

em. En-sem-ble, tem-ple, em-bra-ssé, em-pi-re, em-plâ-tre, tem-pé-ra-tu-re.

aim. Daim, faim, é-taim.

ain. Bain, le-vain, ma-sse-pain, sain-te-té, con-vain-cu, é-tain.

ein. Sein, pein-tu-re, cein-tu-re, é-tein-te, tein-dre.

in. Mou-lin, ve-nin, la-pin, re-quin, din-don, en-fin, vin, des-tin.

im. Sim-pli-ci-té, im-po-ssi-ble, tim-bre, im-po-li.

yn. Syn-co-pe, syn-chro-nis-me, syn-dic, syn-ta-xe.

ym. Tym-pa-non, sym-bo-le, lym-pha-ti-que, cym-ba-le.

on. Mon, ton, son, lon-gi-tu-de, fon-dre, hon-te, fla-con, ron-de, pom-pon, con-fon-du.

om. Nom-bre, bom-be, tom-be, rom-pre, co-lom-be, tri-om-phe, com-ba-ttu. om-bra-ge.

un. Cha-cun, lun-di, tri-bun, im-por-tun, Lou-dun, dé-fun-te, a-lun, Ver-dun, quel-qu'un, à jeun.

um. Par-fum, hum-ble.

19ᵉ LEÇON.

Voyelles composées accompagnées de consonnes composées.

ai. Glai-ve, plai-ne, trai-te, chaî-ne, trei-ze, blai-reau, en-traî-né, brai-re, fraî-che, grai-ne, plei-ne, é-clai-ra-ge, vrai-sem-bla-ble.

au. Frau-de, chau-me, che-vreau, psau-me, trau-ma-ti-que, blau-de, chau-sson.

eu. Fleu-ve, pleu-ré, preu-ve, pé-cheur jon-gleur, hâ-bleur, cou-vreur, fleur ai-greur, sei-gneur.

ou. E-crou, trou, clou, prou-vé, glou-ton grou-pe, croû-te, trou-peau, glou glou.

an. Blan-che, fran-che, trem-ble, flam-beau, gran-deur, tren-te, cham-pê-tre, glan-de, tran-che, tri-om-phan-te, bran-che, tran-splan-té.

in. Plain-tif, pro-chain, frein, scin-que, crin, brin, cha-grin, prin-ci-pau-té, dé-clin, blin-dé, em-prein-te, crain-ti-ve.

on. Fron-de, trom-pe, gron-dé, plom-bé, hou-blon, bou-chon, con-fron-té, blon-de, cor-ni-chon, gou-dron.

un. Brun, em-prun-té.

20ᵉ LEÇON.

Phrases formées sur les leçons précédentes.

La co-lom-be est (1) le sym-bo-le de l'i-nno-cen-ce. L'a-mour di-vin est in-sé-pa-ra-ble de la cha-ri-té pour le pro-chain. Le Sei-gneur pu-ni-ra qui-con-que pro-fa-ne-ra la sain-te-té de son tem-ple.

---

(1) est se prononce comme è.

On a gra-vé sur la tom-be de mon a-mi
u-ne tou-chan-te é-pi-ta-phe.
　Le pi-geon rou-cou-le. L'a-gneau bê-le.
Le tau-reau beu-gle. Le cor-beau cro-a-sse. Le din-don glou-glo-te. La mou-che bour-do-nne. Le co-chon gro-gne. La pou-le glou-sse. Le se-rin si-ffle, le ro-ssi-gnol chan-te. La lu-ne co-mmen-ce à pa-raî-tre. On a sen-ti l'o-deur a-gré-a-ble d'un ra-re par-fum.
　On pa-sse par Me-lun ou par Fon-tai-ne-bleau pour se ren-dre de Ly-on à la ca-pi-ta-le. La mer Blan-che bai-gne la cô-te sep-ten-tri-o-na-le de l'Eu-ro-pe. Le prin-ce, un flam-beau à la main, a par-cou-ru l'en-cein-te ob-scu-re de ce sé-jour in-co-nnu. Hen-ri a vu par-tir sa sœur a-vec u-ne pro-fon-de dou-leur; il y a u-ne heu-re qu'il pleu-re et se la-men-te.

21ᵉ LEÇON.

Diphthongues.

ia ié iè io oi ui iau iai ieu oui

Diphthongues nasales.

ian　ien　ion　oin　ouin　uin

EXERCICE.

ian oui ia ien ié oi ouin iè
ieu ui iau oin io ion uin iai
ia oin ieu oui uin iai oi ié
iau oin iè io ui ion ian ien

22ᵉ LEÇON.

Diphthongues accompagnées de consonnes.

ia. Dia-cre, pia-no, via-gè-re, a-mia-ble, dia-lo-gue, zo-dia-que, fia-cre, pia-stre, dia-pa-zon, dia-pha-ne.
ié. Pié-ton, pi-tié, moi-tié, a-mi-tié.
iè. Piè-ce, niè-ce, siè-cle, fiè-vre, pau-piè-re, miel, ciel, fiel.
iai. Biais, niais.
io. Fio-le, pio-che, vio-lon, Dio-do-re, mé-dio-cri-té, es-pio-nna-ge.
iau. Miau-le, piau-le.
oi. Moi, toi, loi, soi, i-voi-re, poi-sson, gloi-re, droi-tu-re, en-cen-soir, de-voir, ma-noir, a-sper-soir.
ui. Lui, é-tui, con-dui-te, hui-le, pui-ssan-ce, a-nnui-té, cui-vre, brui-re.
ieu. Dieu, lieu, pieu, cieux, mieux, vieux.
oui. Foui-ne, oui, Louis, cam-bouis, ba-ra-goui-na-ge.
ian. Vian-de, dian-dri-que, mé-fian-ce,

con-fian-ce.
ien. Bien, lien, tien, au-tri-chien, chi-rur-gien, chré-tien.
ion. Pion, pen-sion, pa-ssion, scor-pion, in-di-ges-tion, con-ver-sion, ai-mions.
oin. Loin, coin, soin, té-moin, groin, poin-te, join-tu-re.
ouin. Ba-bouin, cha-fouin, Bé-douin, ba-ra-gouin.
uin. Juin, suin-te.

23ᵉ LEÇON.

Phrases formées sur les leçons précédentes.

Le ciel pro-cla-me la gloi-re de Dieu. La pui-ssan-ce di-vi-ne a for-mé le mon-de de rien. Voi-là un jeu-ne ho-mme au-ssi rem-pli de pié-té que de sa-voir. La con-fian-ce en Dieu con-so-le le chré-tien en ce lieu de pé-lé-ri-na-ge.

Louis a bien soin de sa mè-re. Dio-do-re tou-che du pia-no. Re-mi a do-nné à un pau-vre la moi-tié de son dî-né. Voi-là un bien beau dia-lo-gue. Mon pa-rrain vien-dra me voir le dou-ze juin pro-chain. Le pè-re Va-lè-re pio-che sa vi-gne.

L'es-poir de re-voir le lieu qui m'a vu naî-tre a fui loin de moi. La foui-ne a ra-va-gé la ba-sse-cour. Le pou-ssin piau-le. La cha-tte miau-le. Le to-nneau suin-te en-co-re. Qui pou-rra com-pren-dre un tel ba-ra-goui-na-ge?

24ᵉ LEÇON.

L'e muet se fait à peine sentir après é, i, u (1).

Ma-rie, ché-rie, ar-mée, gé-nie, ven-due, ma-la-die, ca-va-le-rie, a-nnée, pa-ssée, a-ssem-blée, rom-pue, thé-o-lo-gie, es-ti-mée, par-tie, con-clue, gé-o-gra-phie, co-rri-gée, phar-ma-cie, mon-tée, soie-rie, par-tie, gaie-té, ai-mée, im-pie, joue, mor-due, fon-due, sor-tie, tra-hie, em-por-tée, du-rée, con-sen-tie.

25ᵉ LEÇON.

y employé pour deux i.

ay   ey   oy   uy.
ai-i   ei-i   oi-i   ui-i.

Ray-é, noy-au (2) moy-en, ray-on, tuy-au, em-ploy-é, loy-al, pay-a-ble, a-ssey-é, mi-toy-en, cray-on, loy-au-té, roy-au-me, es-suy-a, joy-au, voy-a-ge,

---

(1) Lorsque le son de u se fait entendre.

(2) Prononcez comme s'il y avait : raï-é, noï-iau, etc.

pour-voy-eur, ploy-é, en-nuy-é, cray-o-nne, dé-voy-é, pi-toy-a-ble.

26ᵉ LEÇON.

ö, ï, ü, surmontés d'un tréma, se prononcent séparément de la voyelle qui précède.

Con-ti-gu-ë, la-ï-que, hé-ro-ï-que, ha-ïr, ci-gu-ë, Is-ma-ël, am-bi-gu-ë, Si-na-ï, Sa-ül, A-bi-ga-ïl, Ra-pha-ël, na-ï-ve-té, hé-bra-ï-que, ma-ïs, co-ïn-ci-den-ce, ai-gu-ë, Na-ïa-de, Ca-ï-phe, ou-ï-di-re, Ca-ïn, Za-ï-re, pa-ïen, a-ïeul, na-ïf, hé-ro-ïs-me.

27ᵉ LEÇON.

ill (1), ille, ail, a-ille, eil, ei-lle, euil, eu-ille, ouil, ou-ille, uil, ui-lle.

Bi-llon (2), gri-llé, che-vi-lle, len-ti-lle, fa-mi-lle, tra-vail, por-tail, ba-ta-ille pa-reil, é-vei-llé, cor-bei-lle, ver-meil, bou-tei-lle, fau-teuil, é-cu-reuil, mei-lleur, feu-illa-ge, a-ccueil, fe-nouil, mou-illé, dé-pou-ille, sou-illu-re, cui-ller, ai-gui-lle, so-leil, em-brou-illé, cor-nei-lle, ca-mail, gou-ver-nail, con-seil, en-tor-ti-llé, tra-va-illeur.

---

(1) *ill se prononce comme la dernière syllabe de ba-ta-ille.*

(2) *Dans ce mot et autres semblables, i sert à former une syllabe et à rendre ll mouillés dans la suivante.*

28ᵉ LEÇON

s, entre deux voyelles, se prononce comme z.

Vi-sa-ge, ro-sai-re, heu-reu-se, ci-seau, frai-se, é-gli-se, phi-lo-so-phie, noi-set-te, é-ga-li-sé, em-pha-se, mi-sè-re, re-po-sé, blou-se, niai-se, biai-se, sai-sie, pri-son, ru-sée, con-ju-gai-son, dio-cè-se, a-van-ta-geu-se, xé-ra-sie, re-mi-se, plai-sir, poi-son, ar-ti-san, ai-san-ce, phra-se, dé-cli-nai-son.

29ᵉ LEÇON.

ç, avec cédille, se prononce comme s.

ça   ço   çu.

Fa-ça-de, gla-çon, reçu, fa-çon, con-çu, li-ma-çon, ran-çon, me-na-çan-te, ba-lan-çoi-re, soup-çon, a-per-çu, rem-pla-ça, le-çon, fran-çai-se, gar-çon, dé-çu, a-ga-çan-te, pla-ça, per-çu, ma-çon, gla-çan-te, per-çoir, soup-ço-nné.

30ᵉ LEÇON.

ti *comme* si (1).

Mar-tial, par-tial, par-tia-li-té,

---

(1) Ti se prononce comme si dans les mots terminés par tial, tiel, tion et dans leurs dérivés, à moins qu'ils ne soient précédés de s ou de x. Il faut y joindre les mots *minutie, prophétie,* et quelques autres.

pes-ti-len-tiel, na-tion, na-tio-na-li-té, a-tten-tion, ac-tion, ac-tio-nné, vo-ca-tion, mé-di-ta-tion, mi-nu-tie, fa-cé-tie, im-pé-ri-tie, i-ner-tie, pro-phé-tie, i-nep-tie, Do-mi-tien, Vé-ni-tien, par-tiel, pri-ma-tie, am-bi-tieux, dé-mo-cra-tie, sa-tié-té, i-ni-tié, bal-bu-tié, pa-tien-ce, dé-po-si-tion, mi-nu-tieu-se.

31ᵉ LEÇON.

Phrases formées sur les leçons précédentes.

Dieu, par u-ne grâ-ce spé-cia-le, a pré-ser-vé Ma-rie de la ta-che du pé-ché o-ri-gi-nel. Le bon chré-tien a soin de fai-re cha-que jour sa pri-è-re du ma-tin et du soir a-vec a-tten-tion, pié-té et dé-vo-tion. Le roy-au-me du ciel s'em-por-te par la vio-len-ce. Le di-vin Ré-demp-teur a pay-é de sa pro-pre vie la ran-çon du pé-cheur. Ce-lui qui mé-pri-se son pro-chain se-ra ha-ï, ce-lui qui a com-pa-ssion du pau-vre se-ra bé-ni.

La loi de Mo-ï-se a é-té pu-bli-ée sur la mon-ta-gne de Si-na-ï. Le pro-phè-te I-sa-ïe a re-le-vé la gloi-re de sa nai-ssan-ce roy-a-le par u-ne pié-té é-mi-nen-te, u-ne é-lo-quen-ce i-ni-mi-ta-ble et u-ne pé-né-tra-tion de l'a-ve-nir tou-te di-vi-ne. Il a fa-llu à ma sœur u-ne pa-tien-ce hé-ro-ï-que pour sou-ffrir u-ne o-pé-ra-tion si lon-gue et si dou-lou-reu-se. La mai-son de ce-lui qui tra-va-ille est co-mme u-ne sour-ce a-bon-dan-te ; l'in-di-gen-ce fui-ra loin de lui.

Louis a pré-sen-té à sa mè-re u-ne ro-se fraî-che et ver-mei-lle. Hen-ri a re-çu au-jour-d'hui sa pre-miè-re le-çon de mu-si-que in-stru-men-ta-le. On a con-çu quel-que soup-çon sur la pro-bi-té de ce jeu-ne gar-çon. U-ne pa-rei-lle dé-ci-sion su-ppo-se de la par-tia-li-té. A pei-ne un seul ray-on du so-leil pé-nè-tre-t-il la som-bre é-pai-sseur de ce feu-illa-ge. Un beau por-tail re-lè-ve la fa-ça-de prin-ci-pa-le de no-tre é-gli-se. Le mei-lleur moy-en pour pré-ve-nir la mi-sè-re, c'est le tra-vail et l'é-co-no-mie.

32ᵉ LEÇON.

Consonnes finales qui ne se prononcent pas.

a (1). Ma-te-las, re-pas, ai-me-ras, dé-

---

(1) Ce son et les suivants indiquent la prononciation des voyelles qui précèdent les consonnes finales nulles.

pou-ille-ras, pè-se-ras, a-vo-cat, é-
tat, en-nuy-ât, ra-ssa-si-ât, ra-bats,
ma-gi-strats, can-di-dats.

e. A-do-res, lan-ces, ho-mmes, fi-dè-les,
bou-tei-lles, plei-nes, ai-ment, fi-ni-
ssent, re-çoi-vent, ren-dent, soup-ço-
nnent, a-ssey-ent, re-po-sent.

é. Ver-ger, a-rro-ser, chan-ter, ro-chers,
ber-gers, con-ser-vés, pe-sées, trou-
vés, nez, a-che-vez, tai-sez, re-ti-rez.

ié. Pa-pier, poi-rier, ro-siers, pru-niers,
re-ce-viez, o-ppo-siez, tra-va-illiez.

è. Pro-cès, suc-cès, a-près, il est, va-let,
pro-jet, in-com-plets, su-jets, se-
crets.

ai. Pa-lais, dais, con-ce-vais, é-cou-tait,
é-cri-vait, for-faits, a-ttraits, par-laient,
re-po-saient, a-tta-quaient, ba-lay-
aient, mou-illaient, por-te-faix, plaies,
laids.

i. Pi-lo-tis, co-lo-ris, lam-bris, moi-sis,
pe-tit, é-crit, ha-bits, lits, nid, muids,
prix.

o. Dé-vot, trot, ga-lop, trop, si-rops,
ma-te-lots.

ô. Re-pos, nu-mé-ros, di-spos, dé-faut,
ar-ti-chauts, ca-naux, cri-staux, ô-

maux, co-raux, ba-teaux, cha-peaux, mor-ceaux, chaud, gri-mauds.

u. Ver-tus, ver-jus, re-fus, fon-dus, ré-so-lus, re-but, s'a-per-çut, fut, a-ttri-buts, flux, re-flux.

33ᵉ LEÇON.

Suite des consonnes finales nulles.

eu. Feux, heu-reux, che-veux, gra-ci-eux, en-vi-eux, cé-ré-mo-ni-eux, vœux, nœuds, il meut, il peut, il veut.

ou. Nous, vous, tous, ge-noux, ca-illoux, choux, bout, dé-goûts, il moud, tu couds, il ré-sout, beau-coup, loups.

an. Blanc, francs, dia-mant, en-fants, ar-dent, mo-ments, temps, champ, camps, rang, é-tangs, grand, glands, ha-rengs, il en-tend, tu com-prends, e-xempts, a-mu-se-ments.

in. La-pins, rai-sins, Tou-ssaint, plaints, re-frains, sou-tient, daims, qua-tre-vingts, seings, dé-peints, em-preints, in-stinct, di-stincts.

on. Bons, front, monts, blond, ronds, na-tions, sai-sons, o-blongs, à-plomb, plombs, jonc, tronc, prompts.

un. Par-fums, au-cuns, dé-funt, bruns, dé-funts.
oi. Froid, poids, doigts, choix, Mi-re-poix, em-poix, per-çoit.
ui. Muid, pa-ra-pluies, buis, nuit, con-struits.
oin. Coing, foins, soins, joint, re-joints.
ien. Biens, miens, vient, re-tient.

34ᵉ LEÇON.

Consonnes finales nulles précédées d'une consonne qui se prononce.

Secs, becs, pu-blics, chocs, chefs, ad-jec-tifs, quels, ci-vils, en-tre-sols, con-suls, poils, ciels, chars, dé-sirs, ca-stors, murs, soirs, ré-ser-voirs, fleurs, tou-jours, su-pé-ri-eurs, cuirs, ca-nard, mon-ta-gnards, je perds, tu perds, il perd, sert, con-certs, a-ccords, rai-fort, lourd, fau-bourgs, con-cours, meurt, sus-pect, res-pects, liard, fuy-ards, re-quiert.

35ᵉ LEÇON.

ai   eu   eus   eut.

Je de-man-dai, je par-lai, je fla-ttai, j'ai eu, tu as eu, il a eu; j'eus, tu eus, il cut, que j'eu-sse, que tu eu-sses, qu'il eût, j'a-chè-ve-rai, je ré-ser-ve-rai, je fou-ille-rai, j'eus fi-ni, tu eus fi-ni, il eut fi-ni, je mé-na-geai, j'en-ga-geai, je me-na-çai, j'a-vais eu, tu a-vais eu, il a-vait eu, je re-ce-vrai, je ren-drai, nous eû-mes, vous eû-tes, ils eu-rent, j'ai a-che-vé.

36ᵉ LEÇON.

em pour a.

e devant ll, nn, rr, ss, tt, dans le corps des mots.

Pru-dem-ment (1) sciem-ment, im-per-ti-nem-ment, vio-lem-ment, i-nno-cem-ment, per-ti-nem-ment, tel-le, quel-le (2), ra-ppel-le, o-ffi-ciel-le-ment, vien-ne, an-cien-ne, i-ta-lien-ne, re-pren-ne, con-tien-ne, ter-re, ser-re, par-ter-re, en-ser-re, jeu-nes-se, lar-ges-se, vi-tes-se, po-li-tes-se, net-te, su-jet-te, noi-set-te, pin-cet-tes, ils pro-met-tent.

---

(1) Prononcez comme s'il y avait pru-da-man, etc.
(2) Prononcez comme s'il y avait : tè-le, què-le, etc.

DEUXIÈME PARTIE.

LECTURE PAR SYLLABES.

† AU NOM DU PÈRE, ET DU FILS, ET DU SAINT ESPRIT. AINSI SOIT-IL.

L'Oraison dominicale.

No tre Pè re, qui êtes aux cieux, que vo tre nom soit sanc ti fi é ; que vo tre règne ar ri ve ; que vo tre vo lon té soit fai te, sur la ter re com me au ciel : do nnez-nous au jour d'hui no tre pain de cha que jour ; par do nnez-nous nos o ffen ses, co mme nous par do nnons à ceux qui nous ont o ffen sés ; et ne nous lai ssez pas su ccom ber à la ten ta tion, mais dé li vrez-nous du mal. Ain si soit-il.

La Salutation angélique.

Je vous sa lue, Ma rie, plei ne de grâ ce ; le Sei gneur est a vec vous ; vous ê tes bé nie en tre tou tes les fem mes, et Jé sus, le fruit de vos en tra illes, est bé ni.

Sain te Ma rie, Mè re de Dieu, pri ez pour nous pau vres pé cheurs, main te nant et à l'heu re de no tre mort. Ain si soit-il.

Le Symbole des Apôtres.

Je crois en Dieu le Pè re tout-puissant, créa teur du ciel et de la terre ; et en Jé sus-Christ son Fils nique, notre Seigneur; qui a été conçu du Saint-Esprit, est né de la Vierge Marie; qui a souffert sous Ponce-Pilate; a été crucifié, est mort et a été enseveli; qui est descendu aux enfers, et le troisième jour est ressuscité d'entre les morts, qui est monté aux Cieux, est assis à la droite de Dieu, le Père tout-puissant, d'où il viendra juger les vivants et les morts.

Je crois au Saint-Esprit, la sainte Église catholique, la communion des Saints, la rémission des péchés, la résurrection de la chair, la vie éternelle. Ainsi soit-il.

La Confession des péchés.

Je confesse à Dieu tout-puissant, à la bienheureuse Marie toujours Vierge, à Saint Michel Archange, à Saint Jean-Baptiste, aux Apôtres Saint Pierre et Saint Paul, à tous les Saints, (et à vous, mon Père,) que j'ai beaucoup péché, par pensées, par paroles et par actions; c'est ma faute, c'est ma faute, c'est ma très-grande faute: c'est pourquoi je supplie la bienheureuse Marie toujours Vierge, Saint Michel Archange, Saint Jean-Baptiste, les Apôtres Saint Pierre et Saint Paul, tous les Saints, (et vous, mon Père,) de prier pour moi le Seigneur notre Dieu.

Que Dieu tout-puissant ait pitié de nous, et qu'après nous avoir pardonné nos péchés, il nous conduise à la vie éternelle. Ainsi soit-il.

Que le Seigneur tout-puissant et miséricordieux nous accorde le pardon, l'absolution et la rémission de nos péchés. Ainsi soit-il.

Les Commandements de Dieu.

1. Un seul Dieu tu adoreras,
   Et aimeras parfaitement.
2. Dieu en vain tu ne jureras,
   Ni autre chose pareillement.
3. Les Dimanches tu garderas,
   En servant Dieu dévotement.
4. Tes père et mère honoreras,
   A fin de vivre longuement.
5. Homicide point ne seras,
   De fait ni volontairement.
6. Luxurieux point ne seras,
   De corps ni de consentement.
7. Le bien d'autrui tu ne prendras,
   Ni retiendras à ton escient.
8. Faux témoignage ne diras,
   Ni mentiras aucunement.
9. L'œuvre de chair ne désireras,
   Qu'en mariage seulement.
10. Biens d'autrui ne convoiteras,
    Pour les avoir injustement.

Les Commandements de l'Eglise.

1. Les fêtes tu sanctifieras,
   Qui te sont de commandement.
2. Les Dimanches messe ouïras,
   Et les fêtes pareillement.
3. Tous les péchés confesseras,
   A tout le moins une fois l'an.
4. Ton Créateur tu recevras,
   Au moins à Pâques humblement.

5. Qua tre-Temps, Vi gi les jeû no ras,
Et le Ca rê me en tiè re ment.
6. Ven dre di chair ne man ge ras,
Ni le sa me di mê me ment.

AVIS A UN ENFANT CHRÉTIEN.

1. Lors que vous a llez à l'é cole, fai tes-le sans bruit ; c'est-à-di re sans cri er ni o ffen ser perso nne, sans vous ar rê ter pour jou er a vec vos ca ma ra des.

2. Soy ez tou jours doux, a ffa ble, é vi tant de di re des pa ro les gro ssiè res, de fai re des ac tions dé sho nnê tes.

3. Ay ez un grand res pect pour les cho ses sain tes, la croix, les i ma ges de la sain te Vier ge et des Saints.

4. Sa lu ez les per so nnes de vo tre co nnai ssan ce, vous con for mant aux rè gles qu'on vous au ra pres cri tes.

5. Quand vous en tre rez chez vous ou dans quel que au tre mai son, sa lu ez res pec tu eu se ment ceux que vous y trou ve rez.

6. Pen sez au co mmen ce ment de vos ac tions que Dieu vous voit, et pri ez-le de bé nir vo tre tra vail.

7. Soy ez tou jours res pec tu eux en par lant aux per so nnes plus â gées ou plus qua li fiées que vous.

8. O bé i ssez à ceux qui ont droit de vous co mman der, promp te ment et a vec joie, quand ce

qu'on vous commande n'est pas contraire à la loi de Dieu.

9. Il faut prier Dieu avant et après le repas, et se tenir modestement à table.

10. Prenez avec respect ce que l'on vous sert, et remerciez honnêtement celui qui vous le donne.

11. Il ne faut ni manger ni boire avec excès, parce que cela déplaît à Dieu et détruit la santé.

12. Vous ne devez point quitter votre maison sans en avoir auparavant demandé et obtenu la permission.

13. Évitez soigneusement la compagnie des enfants qui n'ont pas la crainte de Dieu, parce que vous deviendriez méchant comme eux.

14. Quand on vous aura fait l'amitié de vous prêter quelque chose, prenez garde de ne le pas endommager, et rendez-le au plus tôt.

15. Si vous êtes obligé de parler à quelque personne élevée en dignité qui soit occupée, attendez respectueusement qu'elle ait le loisir de vous parler.

16. Lorsqu'on vous reprendra de vos défauts ou qu'on vous donnera quelque avertissement, recevez-le avec humilité, et témoignez votre reconnaissance à la personne bienfaisante qui vous rend ce bon office.

17. Lorsque quelqu'un vous rend visite, levez-vous pour le recevoir et le saluer.

18. Manifestez la peine que vous souffrez, lorsque quelqu'un de la maison, ou autre, dit ou fait devant vous des choses mauvaises ou indignes d'un chrétien.

19. Ne souffrez pas que les pauvres attendent long-temps à votre porte. Priez vos parents de leur faire l'aumône, ou faites-la-leur vous-même, si vous le pouvez.

20. Le soir, avant de vous coucher, vous n'oublierez pas, après avoir salué vos parents, de vous jeter au pied de votre crucifix et de faire votre prière avec attention et respect.

21. En vous couchant, vous penserez au repos que goûtent les Saints avec Dieu dans le ciel, et que vous devez un jour partager avec eux.

22. Le matin, à votre réveil, faites le signe de la croix, offrez votre cœur à Dieu, et levez-vous modestement.

23. Mettez-vous ensuite à genoux et faites votre prière, pensant que Dieu est dans votre cœur, qu'il voit vos pensées et qu'il vous écoute. Ensuite souhaitez le bonjour à vos parents et aux autres personnes de la maison.

24. Entendez tous les jours la sainte messe, si vous le pouvez, avec attention, piété et respect ; demandez à Dieu la grâce de bien connaître sa volonté ; priez-le aussi pour vos parents, pour vos amis vivants et trépassés.

25. Aimez l'école : rendez-vous-y avec joie ; apprenez soigneusement les leçons que vos maîtres vous y donnent ; témoignez-leur votre soumission par une obéissance respectueuse.

26. Soyez vrai dans tout ce que vous dites : car les menteurs ne sont aimés ni de Dieu ni des hommes.

27. Que jamais le bien d'autrui ne vous fasse

en vie : il vaut mieux être pauvre que voleur ; parce que les voleurs offensent Dieu et sont odieux à tout le monde.

28. Ayez une grande dévotion à la sainte Vierge : elle aime beaucoup les enfants sages, modestes, dévots, humbles, surtout quand ils sont chastes. Un enfant de Marie ne passe aucun jour sans lui marquer son dévouement, son amour et sa confiance, en récitant quelque prière en son honneur. Elle est une bonne mère : ses enfants ne périront jamais. Dans toutes vos inquiétudes, allez vous jeter à ses pieds : elle aime trop les enfants pour ne pas vous accorder ce que vous lui demanderez.

29. Il ne faut pas oublier de rendre vos devoirs à votre bon Ange Gardien : il ne vous quitte jamais, ni le jour ni la nuit ; il est plus puissant que tous les rois du monde, et plus beau que le soleil ; il vous assistera dans vos dangers, si vous lui êtes dévot, et surtout si vous aimez la pureté qui plaît tant à ces bienheureux esprits.

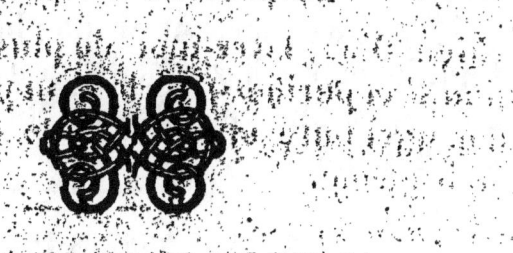

TROISIÈME PARTIE

LECTURE COURANTE.

PRIÈRES DIVERSES.

Pour offrir son cœur à Dieu.
(Après avoir fait le signe de la croix, il faut dire :)

Mon Dieu, je vous donne mon cœur ; donnez-moi, s'il vous plaît, le vôtre. Faites que le mien soit semblable au vôtre ; unissez-les ensemble, afin qu'ils ne se séparent jamais.

En s'habillant.

Saint enfant Jésus, revêtez-moi de la charité, de l'humilité, de la modestie, de l'innocence et de toutes les vertus de votre divin cœur à qui je désire ressembler et être uni dans toutes mes actions.

En prenant de l'eau bénite.

Mon Dieu, lavez-moi de plus en plus de mon iniquité et purifiez-moi de mon péché. Rendez mon âme aussi pure et aussi sainte qu'elle l'était après son baptême.

ACTES DES VERTUS THÉOLOGALES.

Acte de foi.

Mon Dieu, je crois fermement toutes les vérités

que croit et enseigne votre sainte Église, parce que c'est vous qui les lui avez révélées.

Acte d'espérance.

Mon Dieu, je mets toute ma confiance dans votre bonté infinie ; et, quelque indigne que j'en sois, j'espère qu'en vue des mérites de Jésus-Christ, vous me donnerez votre grâce en ce monde et la vie éternelle en l'autre, parce que vous me l'avez promis.

Acte de charité.

Mon Dieu, je vous aime de tout mon cœur et par-dessus toutes choses, parce que vous êtes infiniment bon et infiniment aimable ; et j'aime mon prochain comme moi-même pour l'amour de vous.

Acte de contrition.

Mon Dieu, mon père, j'ai un extrême regret de vous avoir offensé, parce que vous êtes infiniment bon et que le péché vous déplaît ; pardonnez-moi mes péchés par les mérites de Jésus-Christ mon Sauveur ; je me propose, moyennant votre sainte grâce, de n'y plus retomber et d'en faire une véritable pénitence.

Acte pour la Communion spirituelle.

O Jésus ! je vous crois et vous adore réellement présent dans le Saint-Sacrement ; je vous aime, je vous désire ; venez dans mon cœur, je m'unis à vous, ne vous séparez jamais de moi.

Avant la classe.

Venez, Saint-Esprit, remplissez les cœurs de vos

fidèles, et allumez en eux le feu de votre amour.

Envoyez, Seigneur, votre Esprit pour nous donner une nouvelle vie,

Et vous renouvellerez la face de la terre.

Prions.

Mon Dieu, qui avez instruit vos fidèles par les lumières du Saint-Esprit que vous avez répandues dans les cœurs, donnez-nous par le même Esprit la grâce de goûter les vrais biens et de jouir toujours de ses consolations. C'est ce que nous vous demandons par Jésus-Christ Notre Seigneur. Ainsi soit-il.

Après la classe.

Mon Dieu, je vous remercie de toutes les instructions que vous m'avez données aujourd'hui dans l'école ; faites-moi la grâce d'en profiter et d'être fidèle à les mettre en pratique.

Je continuerai, ô mon Dieu ! de faire toutes mes actions pour l'amour de vous.

Avant le repas.

Bénissez. Que ce soit le Seigneur. Que la main de Jésus-Christ nous bénisse et la nourriture que nous allons prendre. Au nom du Père, et du Fils, et du Saint-Esprit. Ainsi soit-il.

Après le repas.

Nous vous rendons grâces pour tous vos bienfaits, ô Dieu tout-puissant ! qui vivez et régnez dans tous les siècles des siècles. Ainsi soit-il.

En passant devant une Église.

Loué, adoré, aimé et remercié soit à jamais Notre Seigneur Jésus-Christ au ciel et au très-saint Sacrement de l'autel.

Bénie soit la très-sainte et très-immaculée Conception de la glorieuse Vierge Marie, Mère de Dieu, à jamais.

En passant devant une croix.

Je vous salue, sainte Croix, qui avez porté le Roi des rois. Je vous salue Vierge Marie, qui avez porté le fruit de vie.

Ou bien : Nous vous adorons, ô Jésus ! et nous vous bénissons, de ce que vous avez racheté le monde par votre sainte Croix.

En passant devant un cimetière.

Que les âmes des fidèles qui sont morts reposent en paix par la miséricorde de Dieu. Ainsi soit-il.

Dans les tentations.

O Dieu ! venez à mon aide ; Seigneur, hâtez-vous de me secourir.

Sauvez-moi, ô Jésus ! je vais périr.

Je renonce de tout mon cœur à cette tentation mon Dieu, ne m'y laissez pas succomber.

O Marie conçue sans péché, priez pour nous qui avons recours à vous.

En se déshabillant.

Seigneur, dépouillez mon âme de ses vices et de ses mauvaises inclinations. O Jésus ! j'honore les dépouillements que vous avez soufferts pour moi dans votre douloureuse passion.

Invocations pieuses.

(On les fait surtout le matin en s'éveillant, et le soir avant de s'endormir.)

Jésus, Marie, Joseph, je vous donne mon cœur, mon esprit et ma vie.

Jésus, Marie, Joseph, assistez-moi maintenant et à ma dernière agonie.

Jésus, Marie, Joseph, faites que mon âme expire en votre sainte et aimable compagnie.

Prière au saint Enfant Jésus.

Saint Enfant Jésus, qui avez profité en âge et en sagesse devant Dieu et devant les hommes, faites-moi la grâce de profiter comme vous, afin qu'en vous imitant, je vous suive jusqu'à la vie éternelle. Ainsi soit-il.

Prière de saint Bernard à la Sainte Vierge.

Souvenez-vous, ô très-douce Vierge Marie! qu'on n'a jamais ouï dire qu'aucun de ceux qui ont eu recours à votre protection, imploré votre assistance ou demandé votre intercession, ait été abandonné. Animé d'une pareille confiance, je cours vers vous, ô Vierge des vierges et notre Mère! je me réfugie à vos pieds; et, tout pécheur que je suis, j'ose paraître devant vous en gémissant. Ne méprisez pas, ô Mère de mon Dieu! mes humbles prières; mais rendez-vous-y propice: exaucez-les, et intercédez pour moi auprès de votre cher Fils. Ainsi soit-il.

Prière à Saint Joseph.

Grand saint Joseph, je vous prends aujourd'hui et pour toute ma vie pour mon patron singulier, pour maître, pour conducteur de mon ame et de mon corps, de mes pensées, de mes paroles et de mes actions, de mon honneur, de mes biens, de ma vie et de ma mort. Je me propose de ne vous oublier jamais, d'exalter votre saint nom, et d'avancer votre gloire autant qu'il me sera possible.

Je vous supplie donc, ô grand Saint, de me recevoir pour votre serviteur perpétuel ; assistez-moi dans toutes mes actions, et ne m'abandonnez pas à l'heure de ma mort. Ainsi soit-il.

Autre.

Saint Joseph, père nourricier de Jésus et époux de la bienheureuse Vierge Marie, priez pour nous qui avons recours à vous. *Pater. Ave.*

Prière à l'Ange Gardien.

Ange du Seigneur, qui êtes mon fidèle gardien, puisque Dieu, par sa bonté infinie, m'a confié à vos soins, daignez aujourd'hui m'éclairer, me garder, me conduire, me gouverner, et me protéger à l'heure de ma mort. Ainsi soit-il.

Prière à Saint Louis de Gonzague.

O saint Louis de Gonzague! vrai miroir des vertus angéliques, quoique votre indigne serviteur, je vous recommande d'une manière particulière la chasteté de mon âme et de mon corps ; je vous prie de me recommander à Jésus-Christ, l'Agneau sans tache, et à sa très-sainte Mère, la Vierge des vierges ; préservez-moi de tout péché, ne permettez pas que je tombe jamais dans aucune faute d'impureté ; mais quand vous me verrez en tentation ou en danger de péché, éloignez de moi toutes les pensées et toutes les affections impures ; et réveillant en moi le souvenir de l'éternité et de Jésus crucifié, imprimez profondément dans mon cœur le sentiment de la sainte crainte de Dieu; enflammez-moi du divin amour, afin qu'après vous avoir imité sur la terre, je mérite de jouir de Dieu avec vous dans le ciel.

Ainsi soit-il. *Pater. Ave.*

Prière filiale de Saint François de Sales à L. B. V. Marie.

Je vous salue, très-douce Vierge Marie, Mère de Dieu, et vous choisis pour ma très-chère Mère; je vous supplie de m'accepter pour votre fils et serviteur; je ne veux plus avoir d'autre mère ni maîtresse que vous. Je vous prie donc, ma bonne, gracieuse et douce Mère, qu'il vous plaise vous souvenir que je suis votre fils, que vous êtes très-puissante, et que je suis une pauvre créature vile et faible. Je vous supplie aussi, très-douce et chère Mère, de me gouverner et défendre en toutes mes actions ; car, hélas ! je suis un pauvre nécessiteux et mendiant qui ai besoin de votre sainte aide et protection. Eh bien donc, très-sainte Vierge, ma douce Mère, de grâce, faites-moi participant de vos biens et de vos vertus, principalement de votre sainte humilité, de votre excellente pureté et fervente charité ; mais accordez-moi surtout... Ne me dites pas, gracieuse Vierge, que vous ne pouvez pas, car votre bien-aimé Fils vous a donné toute-puissance tant au ciel que sur la terre ; vous n'alléguerez pas non plus que vous ne devez pas, car vous êtes la Mère commune de tous les pauvres enfants d'Adam, et singulièrement la mienne. Puis donc, très-douce Vierge, que vous êtes ma Mère et que vous êtes très-puissante, qu'est-ce qui pourrait vous excuser, si vous ne me prêtiez votre assistance ? Voyez, ma mère, voyez que vous êtes contrainte de m'accorder ce que je vous demande et d'acquiescer à mes gémissements. Soyez donc exaltée sous les cieux, et par votre intercession faites-moi présent de tous les biens et de toutes les grâces qui plaisent à la Très-sainte Trinité, Père, Fils et Saint-Esprit, objet de tout mon amour pour le temps présent et pour la grande Éternité. Ainsi soit-il.

QUE JÉSUS, MARIE, JOSEPH SOIENT LOUÉS ET IMITÉS.

(Les Chrétiens qui auront la dévotion de réciter cette prière, sont invités à s'unir d'intention à ceux qui la récitent pareillement.)

Oraison universelle pour tout ce qui regarde le salut.

Mon Dieu, je crois en vous, mais fortifiez ma foi ; j'espère en vous, mais assurez mon espérance ; je vous aime, mais redoublez mon amour ; je me repens d'avoir péché, mais augmentez mon repentir.

Je vous adore comme mon premier principe ; je vous désire comme ma dernière fin ; je vous remercie comme mon bienfaiteur perpétuel ; je vous invoque comme mon souverain défenseur.

Mon Dieu, daignez me régler par votre sagesse, me contenir par votre justice, me consoler par votre miséricorde et me protéger par votre puissance.

Je vous consacre mes pensées, mes paroles, mes actions, mes souffrances, afin que désormais je pense à vous, je parle de vous, j'agisse selon vous et je souffre pour vous.

Seigneur, je veux ce que vous voulez, parce que vous le voulez, comme vous le voulez et autant que vous le voulez.

Je vous prie d'éclairer mon entendement, d'embraser ma volonté, de purifier mon corps et de sanctifier mon âme.

Mon Dieu, aidez-moi à expier mes offenses passées, à surmonter mes tentations à l'avenir, à corriger les passions qui me dominent et à pratiquer les vertus qui me conviennent.

Remplissez mon cœur de tendresse pour vos bontés, d'aversion pour mes défauts, de zèle pour mon prochain et de mépris pour le monde.

Que je me souvienne, Seigneur, d'être soumis à mes supérieurs, charitable envers mes inférieurs, fidèle à mes amis et indulgent pour mes ennemis.

Venez à mon secours, pour vaincre la volupté par la mortification, l'avarice par l'aumône, la colère par la douceur, et la tiédeur par la dévotion.

Mon Dieu, rendez-moi prudent dans les entreprises, courageux dans les dangers, patient dans les traverses et humble dans les succès.

Ne me laissez jamais oublier de joindre l'attention à mes prières, la tempérance à mes repas, l'exactitude à mes emplois et la constance à mes résolutions.

Seigneur, inspirez-moi le soin d'avoir toujours une conscience droite, un extérieur modeste, une conversation édifiante et une conduite régulière.

Que je m'applique sans cesse à dompter la nature, à seconder la grâce, à garder la loi et à mériter le salut.

Mon Dieu, découvrez-moi quelle est la petitesse de la terre, la grandeur du ciel, la brièveté du temps et la longueur de l'Éternité.

Faites que je me prépare à la mort, que je craigne votre jugement, que j'évite l'enfer et que j'obtienne enfin le paradis par Jésus-Christ N. S. Ainsi soit-il.

Saint-Etienne, Imprimerie de THÉOLIER AÎNÉ.

www.ingramcontent.com/pod-product-compliance
Lightning Source LLC
LaVergne TN
LVHW021711080426
835510LV00011B/1711